AF369195

Das Reigenspiel

Gedichte

Christoph Sebastian Widdau

Bibliografische Information der Deutschen Nationalbibliothek:
Die Deutsche Nationalbibliothek verzeichnet diese Publikation in
der Deutschen Nationalbibliografie; detaillierte bibliografische
Daten sind im Internet über dnb.dnb.de abrufbar.

Herstellung und Verlag:
BoD – Books on Demand, Norderstedt

ISBN: 9783757829537

Aus dem Rurgestöber

Inhalt

Das Reigenspiel 9

Idylle 10

Taufe 11

Von Lengeschdörp aus 12

Das vergeudete Kleid 13

Selbstjustiz 14

Gebet aller Tage 15

Die Schachtel 16

Geschossenes

Der Bruch 23

Zu eurer Zeit 24

Kontingenz 25

Saldo 26

Flurschaden 27

Baldachin 28

Baluster 29

Bastion 30

Veröffentlichungsverzeichnis 32

Das Reigenspiel

Gleichschritt, Absatz
Stoffe weh'n
Im Reigen, Taktsprung, Reigen

Als würd' es bloß gescheh'n
Sekundenstillstand
Stoßhauch nur

An deinem Ärmel meine Hand
Als würd' der Schwung, den mein Leib fand
Verstricken wollen, Schmerz und Schnur
Im Schritte, gleich, die Doppelspur

Die nichts, nichts, nichts
Als ein Herz bannt
Im Reigen, Sprungtakt, Reigen

Als würd' es bloß gescheh'n
Absatz, Gleichschritt
Stoffe steh'n

Idylle

Wenn der Atem zerschellt
In Tröpfchen, an Stämmen

Dann blüht mir, mein Lieb
Nächst ruhenden Dämmen

Dein Echo im Moos
Von dem flehentlich gellt

Sturmberstendes Holz
Das wie Schnee niederfällt

Taufe

Wenn ich schwimme an dir, Taufe
Nimmst du mich auf
Netzt du das Tuch
Ohne Unterlass, Taufe
Taufe, im ewigen Club, Scheidung
Pressen wir aus nichts
Als ein Gelübde des Schweigens
Mit dem wir begnadigen, Taufe
Mein Weib, meine Hure
Objekt sei ich dir, Sache am Becken
Ohne Unterlass, Taufe, Scheidung
Rinnt das Wasser aus mir
Rinnt das Wasser aus dir
Netzt du das Tuch
Netzt du das Kleid
Taufe, Sense, Taufe
Wenn wir schwimmen an uns

Von Lengeschdörp aus

Empor tosten Wellen
Aus Schößen, in Nester
Gehüpft wie gesprungen
Als blieben sie sie

Als hätten Sirenen
In Schwaden gesungen:
»Steigt auf und erhebt euch
So verendet ihr nie!«

Das vergeudete Kleid

Von deiner Stirn an
Kleide ich dich ein
Stoffschmiegend

Langsam über deinen Korb
Sacht über dein Gelöstes
Zart über dein Wortloses
Bis zu den Fesseln

Sodass ich sehe, mein Lieb
Von deiner Stirn an, Blickfang
Was uns nicht schmückt

Selbstjustiz

Dies schmerzt von dir
Wundmal aus mir

Nah am Abhang im Glast
Den Däumlein erfasst

Damit dämmernd sich tüncht
Was schluchtend sich lyncht

Gebet aller Tage

Aller Tage Abendstunde
Einlasssegnung Liebreizwunde
Stoß Gebet Entflammungskuss
Fleischhauch Taufe Beckenfluss
Geheiligt sei bis im Geist hallt
Der Lippen wie des Dochtes Schluss

Die Schachtel

Den Strich ziehend im Pappwerk
Mit Nägeln und Knöpfen
In den Mauern der Schachtel
In der du mich verstaust

In der du findest, mein Lieb
Gebissene Knöpfe von mir
Gebrochene Nägel von mir
Geronnenes Pochen von mir

Mit deinem Handschuh
Während du mich ausschlägst
Mit deiner Feile
Während du mich auskratzt

Mikrowirbelsturm
Um den Strich zu ziehen
In dem ihr mich findet, endlich
Als Kratzer in einer Schachtel

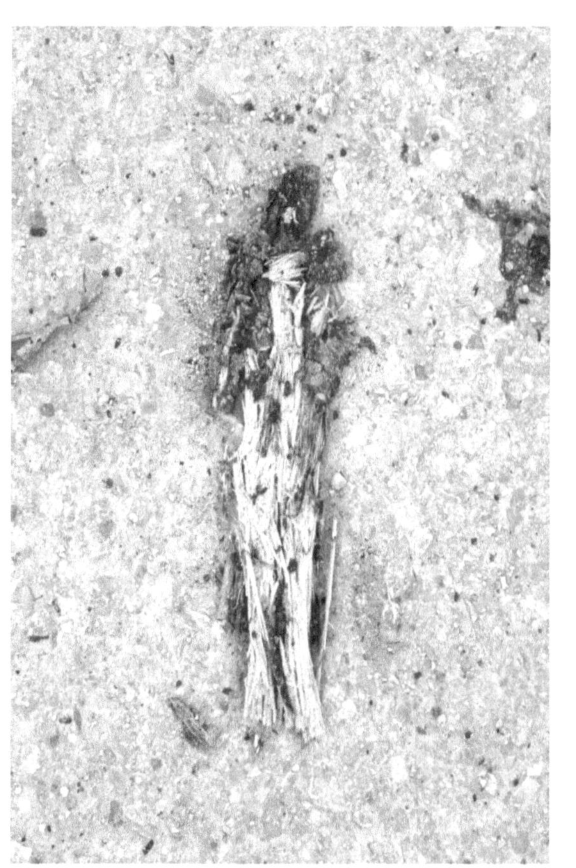

Der Bruch

In meinem Fächer, spiegle dich
Im Kinderspiel der Farben
In meinem Fächer, wiege dich
Zerträume Flucht und Narben

In meinem Fache staust du dich
In Tintenschluchtenklecksen
In meinem Fache traust du dich
Den Sinn mir zu verhexen

Doch Sinn, am Fächer traust du dich
Mein Lieb, zu leugnen Narben
Sodass sich klecksend staut das Licht
Bis sinnenlos die Feder bricht

Zu eurer Zeit

Zu eurer Zeit
Sei ich nicht mehr
An meinen Blüten
Trägt sich's schwer

Sei ich nicht mehr
An meinen Blüten
Trägt sich's nicht schwer
Die Zeit zu hüten

Kontingenz

Von einem Hauzahn
Tropft Fleischrest
In eine Pfütze
Eisenbunt

In einem Geifer
Weicht das Sein
Wird Seelchen Grütze
Schlachtemund

Der Zeiger schlägt
Dem Herrn, dem Hund
Was Hund, was Herr ist
Schluckt ein Schlund

Saldo

Listen berichtet
Berichte erzählt
Erzähltes gelistet
Alles verfehlt

Flurschaden

Flutböen, drängt auf seinen Flur!
     Zerspellt die Tür, des Rückzugs Schwur!
Verströmt Gemüt, richtet das Grat!
     Zerschlagt die Balken, löst die Kiefer!
Schwemmt fort des Ungeziefers Saat!

Doch nichts als Gurgeln, Aber, Schummeln
     Kein Brustaufruhr im Wogentummeln:
Ihn fällt die einst gemiedene Schar
     Ertränkt das Schweigen, Todesgrummeln
Weil so das Leben sei und war

Baldachin

Baldachin, mein Baldachin,
dir spend' ich meine Runen,
so schlag' ich in dich Wunen,
zur Andacht – schweige, Nacht.

Baldachin, mein Baldachin,
dich zeichnen meine Risse,
dich schmerzen keine Bisse,
zur Liebe – schweiget, Triebe.

Baldachin, mein Baldachin,
du schirmst, damit's mich trifft,
mich packt, in Federschrift,
zum Ende – schweiget, Hände.

Baluster

Wenn er erwacht, glänzt der Baluster
im Augendonner, Dämmerlicht,
erstrahlt die Hoffnung, dass er bricht,
    und dass er glänzt: Das will er nicht.

Wenn er entsteigt, bleibt der Baluster
in seiner Reihe, ehrt die Pflicht,
teilt er sich doch des Laufs Gewicht,
    und dass er glänzt: Das will er nicht.

Wenn er ergreift, wehrt der Baluster
im Sehnenschwanken, Weltgericht,
sich mit dem Schweigen – „bist es nicht,
    und dass ich glänz': Das will ich nicht."

Wenn er erwacht, wacht der Baluster
im Dämmerdonnern, Augenlicht,
von allem nichts – die Hoffnung bricht,
    dass er dir ist: Das will er nicht.

Bastion

Zuflucht der fallenden Feste, Reste
der Kindersucht aus Pech und Schwefel
fanfaren Missklang, Ordnungsfrevel
erzfrech in die Niemandsschlucht

Zucht der schnöden Gäste, Reste
der Schnickschnackwucht aus Ignoranz
trompeten Leerklang, Seichtbilanz,
Auslucht heißt ihr eure Bucht

Bastion der Lippen – Toreschluss,
Burggrabenwasser – Venenfluss,
bald schneiden Glieder, Zahn um Zahn,
zum Sinnensturz im Jemandswahn

Veröffentlichungsverzeichnis

Erstveröffentlichungen
    „Das Reigenspiel“
    „Idylle“
    „Taufe“
    „Von Lengeschdörp aus“
    „Das vergeudete Kleid“
    „Selbstjustiz“
    „Gebet aller Tage“
    „Die Schachtel“
    „Der Bruch“
    „Zu eurer Zeit“
    „Kontingenz“
    „Saldo“
    „Flurschaden“

Aus: Widdau, Christoph Sebastian: BALDACHIN. BoD, Norderstedt 2023
    „Baldachin“

Aus: Widdau, Christoph Sebastian: BALUSTER. BoD, Norderstedt 2023
    „Baluster“

Aus: Widdau, Christoph Sebastian: BASTION. BoD, Norderstedt 2023
    „Bastion“